Td 123/20

MÉMOIRE

SUR L'ANATOMIE ET LA PATHOLOGIE

DU MAMELON

DANS LEURS RAPPORTS AVEC L'ALLAITEMENT

PAR

M. le Dr Paul DELMAS

Membre de la Société de Médecine de Bordeaux,
directeur de l'Établissement hydrothérapique et de la Maison de santé
de Longchamps.

BORDEAUX

IMPRIMERIE GÉNÉRALE DE Mme CRUGY,

rue et hôtel Saint-Siméon, 16.

1860

MÉMOIRE

SUR L'ANATOMIE ET LA PATHOLOGIE

DU MAMELON

DANS LEURS RAPPORTS AVEC L'ALLAITEMENT.

En choisissant ce sujet, mon but n'a pas été de faire une étude complète sur l'anatomie et la pathologie du mamelon. Chargé en 1858, en ma qualité de premier interne, de diriger le service des accouchements à l'Hôtel-Dieu de Bordeaux en l'absence du professeur titulaire et de son suppléant, j'ai voulu consigner ici le résultat de mes recherches.

Je crois que les observations et les travaux faits sur cette question sont rares, et en général assez incomplets. La plupart des auteurs modernes, M. Cazeaux excepté, ont peu insisté sur la pathogénie de cet organe pendant l'allaitement; et, cependant, que de fois le praticien n'est-il pas consulté pour obvier à des accidents dont la guérison est toujours difficile, tandis qu'un simple traitement préventif aurait donné pour l'avenir une sécurité complète!

En insistant sur les formes variées du mamelon, en étudiant la part et le rôle de chacune d'elles dans les maladies si douloureuses de cet organe, je pense mettre mieux en lumière le mécanisme de leur formation, et formuler un traitement préventif sur lequel on puisse compter.

Sans admettre, dans ce qu'elles ont de si absolu, les séduisantes théories de l'illustre philosophe de Genève, nous sommes de son avis lorsqu'il veut que la femme nourrisse de son propre lait l'enfant qu'elle a conçu. La nature a bien fait ce qu'elle a fait; et, si la séduisante utopie poursuivie par Jean-Jacques dans son *Émile* le mena hors des sentiers frayés et l'obligea à commettre des erreurs, il n'en faut pas moins lui reconnaître beaucoup de sagacité et de justesse de vue lorsqu'il insiste, avec trop d'acrimonie peut-être, sur la nécessité des devoirs partagés entre la mère et l'enfant, nécessité qu'il exprime admirablement en peu de mots : « Point de mère, point d'enfant. Entre eux les devoirs sont réciproques ; et, s'ils sont mal compris d'un côté, ils seront négligés de l'autre. » Par conséquent, chercher à lever l'un des obstacles les plus fréquents de l'allaitement, c'est, avant tout, faciliter à la mère l'accomplissement d'un devoir auquel elle est conviée par la nature entière ; c'est, en second lieu, diminuer de beaucoup les chances de mort ou de maladies pour le nouveau-né. Si le temps et l'espace ne nous faisaient pas défaut, nous établirions sur des chiffres officiels les immenses avantages de l'allaitement par la mère (à condition, bien entendu, que son tempérament, ses forces, son lait, etc., le lui permettent), et les résultats désastreux qui proviennent souvent d'un allaitement mercenaire.

Enfin, persuadé qu'il n'est sujet si minime en lui-même qui ne puisse offrir des considérations intéressantes et pratiques, j'ai voulu, avant tout, être utile, en m'occupant d'un organe dont le rôle est plus important qu'on ne semble le croire de prime abord.

Le mamelon est le gros tubercule situé, en général, au centre de l'éminence mammaire, un peu en dedans et au niveau de la quatrième côte (4 centimètres environ), en dehors de l'articulation chondro-costale correspondante.

D'une couleur rosée chez les vierges, et surtout chez les blondes, il prend une teinte brune chez la femme qui a nourri. Chez la négresse, la couleur est d'un noir mat, avec un léger reflet purpurin.

Son volume et sa forme sont très-variables. La plupart des auteurs indiquent bien les principales formes que peut affecter le mamelon; mais aucun, à notre avis, n'a assez insisté sur le degré de fréquence de chacune d'elles. Cependant, cela est très-important, car l'une des grandes causes des insuccès nombreux de l'allaitement réside précisément dans la bonne ou mauvaise conformation de cet organe.

Sans entrer dans des détails trop minutieux, nous admettrons cinq formes principales : la première, et la plus fréquente, est la forme conique à extrémité tronquée ; la deuxième est la forme cylindrique ; la troisième est en champignon ou en baguette de tambour, et, dans cette variété, deux degrés bien tranchés, le mamelon est ou n'est pas sessile ; la quatrième sera celle en fuseau : renflé au milieu, le mamelon adhère par un pédicule et se termine en pointe ; enfin, dans la cinquième, l'organe semble être absent au premier abord, et, à sa place, on trouve un entonnoir plus ou moins profond, avec ou sans légère éminence au centre, ou bien encore une surface plane.

Il est évident que la forme cylindrique est, de toutes, la plus favorable. Néanmoins, il peut se présenter, même dans ce cas, deux inconvénients : le mamelon peut être trop gros ; alors, le nouveau-né le prendra difficilement, et, fatigué promptement de ses efforts inutiles, il quittera le sein ; ou bien, l'organe, sans être trop gros, se trouvera trop long, ira rencontrer la luette, et provoquera des efforts de vomir ; mais je me hâte de dire que ces deux conditions, surtout la dernière, se rencontrent très-rarement, et que le mamelon pèche bien plus souvent par excès contraire. Dans cette forme, les gerçures, fissures, crevasses, etc., sont bien rares, parce qu'une des causes principales de leur formation n'existe pas.

La forme conique, si elle n'est pas trop prononcée, est aussi avantageuse que la précédente, à la condition, toutefois, que le cône soit assez long, sinon l'enfant, étant faible, cessera les succions, parce que, 1° il sera obligé de contracter trop fortement les lèvres pour ne pas échapper le mamelon ; 2° parce que, instinctivement, il sera porté à le saisir trop près de sa base, et qu'alors, son nez venant à s'enfoncer dans la mamelle, il ne pourra plus respirer. Si, au contraire, l'enfant est vigoureux, ses efforts tenaces provoqueront nécessairement la formation des gerçures, fissures, etc.

Les formes en fuseau ou en champignon offrent surtout pour inconvénient de provoquer des gerçures, et principalement des gerçures circulaires. Nous reviendrons plus tard sur ce point, lorsque nous nous occuperons de la pathologie de l'organe.

Dans la cinquième forme, il peut arriver deux cas : ou le mamelon manque absolument, et tous les efforts faits pour le former et le faire saillir convenablement restent infructueux, ou bien on peut lui donner un développement satisfaisant. Dans le premier cas, l'allaitement est impossible ; dans le second, il exige de grandes précautions, autrement tous les inconvénients déjà signalés ne tarderont pas à se montrer.

Quant aux variétés de mamelon à forme framboisée, mamelonnée et sessile en même temps, cylindrique ou conique avec étranglement circulaire à la base, il est évident que ces dispositions sont éminemment favorables à la production des gerçures, fissures circulaires, etc., c'est-à-dire celles qui s'accompagnent des douleurs les plus vives, et dont le traitement est toujours long.

Désireux de bien élucider la question de la conformation de l'organe, nous avons fait, dans deux services de médecine de l'hôpital Saint-André et dans la clinique obstétricale, un relevé de 44 cas pris au hasard. M. Solles, interne, a eu l'obligeance de reproduire, dans le dessin ci-contre, les diverses formes de mamelon observées; en voici le résultat :

A. *Forme conique.* — 16 cas, dont :

8 (Figure I) cône très-saillant. — Trois femmes, dont deux ont nourri; les cinq autres n'ont pas eu d'enfants. De 17 à 29 ans.

4 (Figure II) cône moyen. — Deux n'ont pas eu d'enfants; deux ont nourri. De 16 à 23 ans.

4 (Figure III) cône écrasé, peu saillant et assez volumineux. — Deux n'ont pas eu d'enfants; une a nourri six semaines; une pas du tout. De 17 à 35 ans.

B. *Forme cylindrique.* — 16 cas, dont :

6 (Figure V) volumineux. — Quatre ont nourri, dont une quatre enfants; deux n'ont pas nourri. De 26 à 34 ans.

6 (Figure VI) petit. — Une a nourri; deux n'ont pas nourri; trois, pas d'enfants. De 21 à 31 ans.

2 (Figure VII) moyen. — Une a nourri quatre fois; une n'a pas nourri. De 20 et 31 ans.

2 (Figures X, XI) variété de forme cylindrique dite à cratère, dans laquelle les orifices des canaux galactophores viennent s'ouvrir au fond d'un entonnoir; on dirait qu'ils ont fait subir une forte rétraction au sommet du mamelon. — Les deux filles qui nous ont offert cette variété n'avaient pas eu d'enfants. 19 et 16 ans.

C. *Forme mamelonnée.* — 7 cas, dont :

3 (Figures IV, XII) avec pédicule. — Toutes trois ont nourri. De 27 à 31 ans.

1 (Figure IV *bis*) sans pédicule ou sessile. — A nourri. 31 ans.

2 (Figure XIII) sans pédicule, avec sillon circulaire à l'entour très-prononcé. Cette forme offre des variétés de grosseurs. Très-souvent le mamelon est petit, gros comme un pois ou un peu plus. — Les deux filles n'ont pas eu d'enfants. 16 et 22 ans.

2 (Figure VIII) forme framboisée (variété de la forme mamelonnée, dans laquelle la surface de l'organe est toute bosselée). — Les deux ont nourri; mais l'une d'elles est atteinte depuis cinq ans d'une gerçure ou fissure circulaire siégeant à la base du mamelon, très-fine, survenue en dehors de l'allaitement; disparaissant pour revenir de temps à autre, suivant la justesse et les frottements exercés par ses vêtements, et ayant pour origine un eczéma de l'organe.

D. *Forme en baguette de tambour ou en fuseau.* — 3 cas, dont :

2 (Figure XV). — Une a nourri trois fois. 28 et 31 ans.

1 (Figure XVI). — N'a pas nourri. 23 ans. Dans cette forme, on

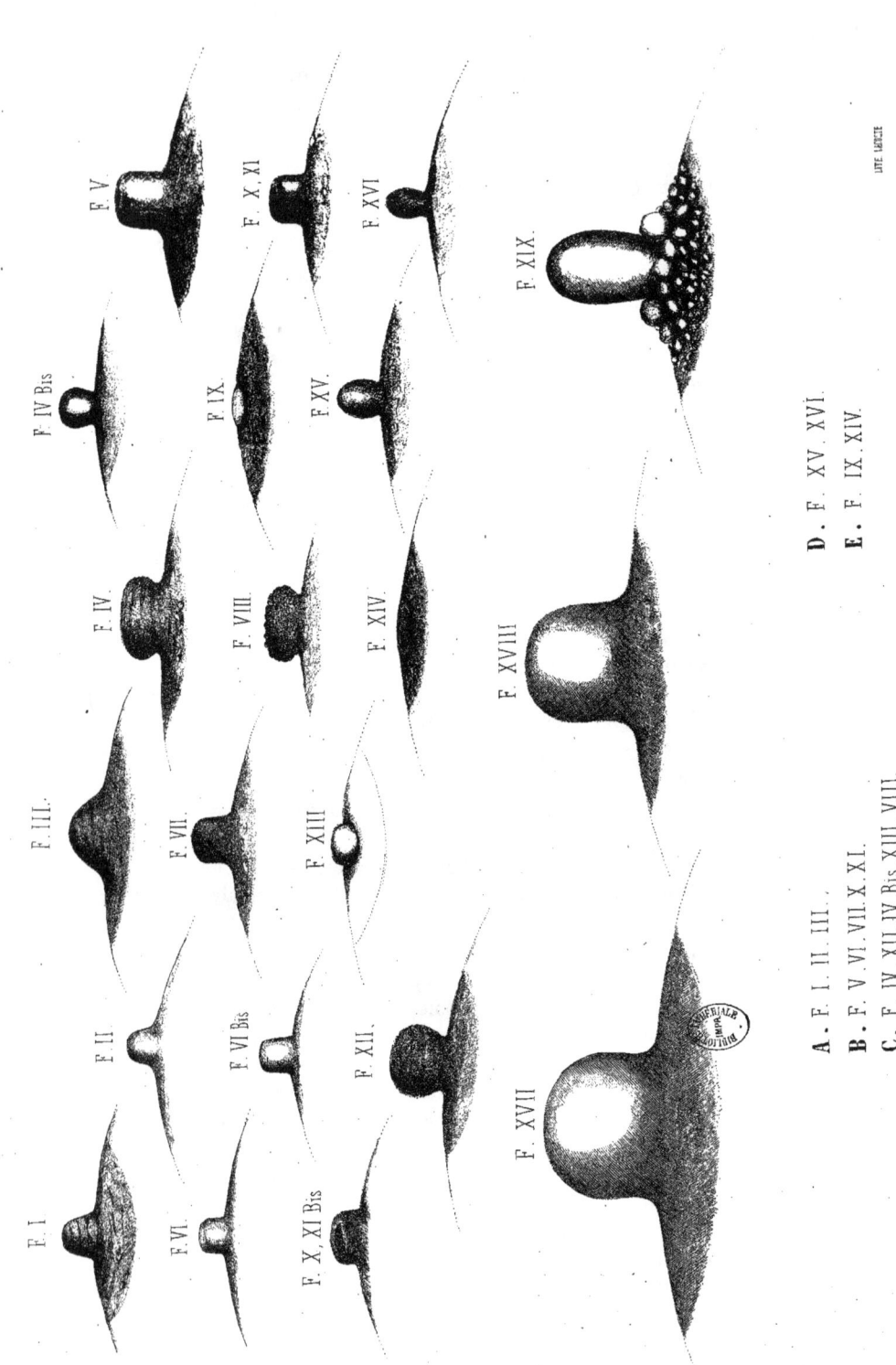

A. F. I. II. III.
B. F. V. VI. VII. X. XI.
C. F. IV. XII. IV Bis. XIII. VIII.
D. F. XV. XVI.
E. F. IX. XIV.

constate les dérivés des formes cylindriques et coniques par suite de l'existence d'un sillon circulaire à la base plus ou moins prononcé.

E. *Forme en godet, ou bien simple surface plane.* — 2 cas, dont :

1 (Figure IX) simple surface plane, sans traces de saillie. — La femme dont il s'agit ici n'offrait cette disposition que du côté droit. Elle était dans le service obstétrical n° 9. Les premiers jours, quoi qu'on fît, le mamelon ne voulait pas saillir. Plus tard, une légère élevure de 3 millimètres environ apparut au centre de l'auréole. Mais, alors, des accidents survenus à l'autre sein obligèrent d'interrompre la lactation.

1 (Figure XIV) forme en godet. — Il s'agit ici de la même femme, qui, du côté gauche, offrait d'une manière très-caractérisée la forme dite *en godet*. L'enfoncement était de 3 millimètres au moins, et l'enfant avait, au bout de quarante-huit heures de succion, déterminé des fissures circulaires excessivement douloureuses. On cessa l'allaitement, et, pendant les quelques jours que la femme passa encore dans le service, je parvins à effacer le godet et à amener à sa place une légère élevure, si bien qu'avec des précautions et des manœuvres répétées avec soin, un ou deux mois avant les couches, elle aurait pu peut-être donner à ses seins une disposition convenable pour l'allaitement.

Dans quelques cas encore, au lieu d'un simple godet, on trouve en outre une légère éminence au fond de la petite excavation, circonstance encore plus favorable à la formation du mamelon.

Dans plusieurs des faits observés, la consistance de l'organe était très-variable : tantôt très-dur au toucher, d'autres fois assez souple; tantôt d'une sensibilité extrême, ou bien absolument inerte, le doigt le pressait et le tiraillait sans que la femme éprouvât la moindre sensation. Enfin, dans un cas, j'ai vu la pression et l'érection de l'organe s'accompagner d'une dureté, d'une fermeté correspondante dans la glande mammaire. Il était impossible de ne pas percevoir très-manifestement cette corrélation intime, cette sympathie nerveuse, sensoriale, reliant ces deux parties d'un même appareil.

J'ai pris les dimensions de quelques mamelons cylindriques et coniques; voici les résultats auxquels je suis arrivé :

Le plus petit offrait 5 millimètres de saillie; le plus grand, 20 millimètres; en moyenne, $10^{mm}4$. Le diamètre, pris au milieu, a varié entre 6 et 12 millimètres; la moyenne a été 8 millimètres. D'après ces données, on voit que les anatomistes se seraient trompés en donnant comme la moyenne en saillie 15 millimètres; je n'ai trouvé que $10^{mm}4$, et encore n'ai-je établi mon calcul que sur les deux formes principales

les plus fréquentes, et offrant en général le plus de dimension. Cependant je ne conclurai pas d'une manière absolue, parce que mon relevé numérique ne porte pour les dimensions que sur 15 cas. On comprend que ces sortes de recherches imposent une certaine réserve qu'on ne peut toujours mettre de côté.

Depuis lors, M. le Dr Rousset a eu l'obligeance de nous communiquer un fait tout à fait exceptionnel. Il a vu chez une jeune dame, brune, fortement constituée, à mamelles énormes, des bouts de seins dont les dimensions étaient colossales : la mesure, prise exactement, a donné, pour le plus gros, 32 millimètres de diamètre pris au milieu de l'organe, et pour l'autre, de 25 à 26 millimètres; leur saillie au-dessus de la glande était à peu près égale, de 22 à 23 millimètres.

Dans les figures XVII et XVIII, nous avons essayé de reproduire la forme et l'aspect de ces deux anomalies, en conservant à peu près les dimensions réelles de ces mamelons.

L'enfant de la jeune nourrice avait une bouche très-grande, et ne pouvait pas cependant les embrasser convenablement; aussi les érosions, les fissures, etc., sont-elles survenues très-promptement.

Nous avons fait quelques recherches bibliographiques au sujet de cette anomalie; nulle part nous n'avons vu citer un cas pareil.

Enfin, nous ajouterons, comme fait général d'observation, que, chez les femmes des Tropiques et du Nord, les mamelons offrent le plus souvent un grand développement, tandis que, chez celles qui habitent les régions tempérées, cet organe est bien moins volumineux, et que le développement de cette papille est presque toujours proportionné à celui de la glande elle-même.

Le mamelon est l'aboutissant de tous les canaux galactophores. Ces conduits viennent s'ouvrir au sommet de l'éminence, au fond de petits entonnoirs qui donnent à l'extrémité de cet organe l'aspect d'une papille. La surface de ce corps est rugueuse, la peau qui le recouvre est comme chagrinée; dure chez les femmes qui ont allaité, elle est molle et fine chez la primipare. Les plis radiés qu'offre le mamelon tiennent à ce que : 1º dans l'épaisseur du derme qui le recouvre, se trouvent un certain nombre de follicules sébacés, dont le produit vient lubréfier, assouplir sa surface; 2º et surtout parce que, comme tous les organes susceptibles d'entrer en érection, c'est-à-dire d'augmenter et de diminuer de volume physiologiquement, la peau doit offrir une certaine laxité. Pendant la grossesse, les follicules sébacés prennent un grand développement, et donnent à l'auréole un aspect caractéristique.

L'épiderme qui recouvre le mamelon est d'autant plus fin que l'organe est plus à l'abri du contact de l'air, et qu'il a moins servi.

L'auréole, au centre de laquelle repose la papille, offre toujours la même coloration que le mamelon. Elle présente, comme lui, des follicules sébacés, qui viennent faire saillie pendant la grossesse et en constituer l'un des signes importants. Ses dimensions sont très-variables ; après la gestation, son diamètre va quelquefois jusqu'à 80 millimètres. Il n'est pas toujours en rapport avec les dimensions du mamelon. Lorsqu'on expose les seins au contact de l'air, on voit la peau de l'auréole offrir le même phénomène que le scrotum ; on la voit, sous l'influence de l'air, se rider, se plisser, diminuer l'étendue de l'auréole, et devenir dure au toucher. Ce phénomène est dû à la contraction du dartos, qui double sa face profonde. Alors on aperçoit le mamelon qui se circonscrit, se dessine, et fait plus ou moins de saillie. Cet effet était des plus prononcés chez la femme n° 8 du service des accouchements. Plusieurs anatomistes ont admis l'existence de petits conduits qui viendraient s'ouvrir à la surface de l'auréole, après être nés de petits corps glanduleux placés immédiatement sous la peau. Meckel dit même, à ce sujet, que ces petites glandes seraient à la glande mammaire ce que sont à l'égard des glandes parotides les glandes buccales et sub-linguales ; qu'ainsi, on ne doit pas les considérer comme des anomalies. L'auteur de l'article *Mamelon*, dans le Dictionnaire en 30 v., tome 19, page 4, n'est pas de cet avis, et croit que ces prétendues glandules sont de simples agglomérations de follicules mucipares.

La structure du mamelon n'est pas parfaitement définie. Pendant longtemps on a cru qu'il était formé de tissu érectile, comme les corps caverneux, le clitoris, etc. ; mais des préparations plus soignées ont permis de reconnaître qu'il différait un peu de ce tissu. Alors on est tombé dans l'excès contraire, en voulant admettre que le système sanguin de cet organe n'offrait aucune disposition particulière autre que celles qu'on trouve dans l'appareil circulatoire en général.

M. Cruveilhier, pour expliquer le phénomène de l'érection dans le mamelon, a admis que les canaux galactophores, après s'être renflés au milieu de l'auréole, se doublaient à ce point-là de tissu dartoïque ; ce qui, dit-il, expliquerait l'état d'orgasme et d'érectilité dans lequel peut entrer le mamelon, ainsi que l'excrétion en jet du liquide par suite de l'excitation de la mamelle. Et d'abord, une objection qui se présente tout naturellement à l'esprit, c'est qu'il est difficile de comprendre comment la contraction du tissu dartoïque peut amener par lui-même l'augmentation de volume du mamelon. Il est naturel d'admettre que le tissu dartoïque doublant les canaux lactifères (ceux-ci, de flexueux qu'ils sont avant l'orgasme, étant devenus rectilignes par suite de l'érection du mamelon), ce tissu contractile, dis-je, entrant en jeu, le lait puisse jaillir au loin, comme on l'observe quelquefois, en effet, chez les femmes fortes à mamelles bien développées, et dont le mamelon est normal ; mais on ne peut évidemment demander plus au tissu dartoïque. Si, maintenant, pour corroborer cela, on cherche ailleurs un point de l'organisme où ce tissu entre en jeu quelquefois, le scrotum par exemple, que trouve-t-on ? Un sac composé de plusieurs tuniques, dont l'une, le dartos, a pour effet de resserrer, de rapetisser la cavité séreuse qu'occupe le testicule.

Pour nous, l'explication qu'a donnée Béclard est bien plus rationnelle. En effet, le mamelon, comme certaines papilles, consiste surtout en filaments nerveux, entremêlés d'une innombrable quantité de vaisseaux sanguins, serpentant, recourbés en arcade, anastomosés entre eux, au milieu desquels passent les quinze à vingt conduits lactifères, et le tout soutenu par une trame, par une charpente de tissu dartoïque. « Or, dit Béclard, que ce soit par l'action contractile du derme cutané ou muqueux (comme dans le mamelon et les papilles), ou bien par la contraction musculaire (comme dans les corps caverneux), que le retour du sang par les veines soit suspendu, il n'en est pas moins certain que l'*augmentation de volume*, d'où résulte l'érection, est due à l'accumulation et à la stase momentanée du sang. » (Béclard, *Éléments d'anatomie générale*, p. 313, 3ᵉ édit.; 1852.)

A la place du derme cutané, nous admettrons que, dans le mamelon, c'est le tissu dartoïque qui remplit en grande partie, si ce n'est seul, le rôle des muscles du périnée dans l'érection du pénis. Quant à la différence qui existera entre le tissu sanguin du mamelon et celui des corps caverneux, c'est que, dans le premier organe, les vaisseaux veineux et artériels, conservant la disposition du système capillaire général, sont ici rassemblés en bien plus grand nombre proportionnellement à l'espace occupé, et offrent de très-nombreuses anastomoses, tandis que, dans le tissu érectile proprement dit, les veines offrent des renflements circonscrits, dans lesquels viennent s'aboucher les artères. En résumé, on doit, je crois, considérer le tissu sanguin du mamelon et des autres papilles analogues comme un tissu de transition entre le tissu érectile et le tissu capillaire sanguin.

Le phénomène de l'érection est encore aidé par l'existence du cercle veineux de Haller, situé à la base de l'organe; mais ce cercle n'est pas toujours complet, comme le dit Kölliker.

Cette propriété du mamelon de pouvoir s'allonger et se redresser est très-utile, car, outre qu'elle permet à l'enfant de prendre plus facilement le sein, les canaux lactifères, de tortueux qu'ils sont lorsque le mamelon est flasque, se redressent et permettent l'issue du lait bien plus facilement. (Bourgery et Jacob, *Traité d'anatomie*, t. 5, p. 334, 1839.)

Nous avons déjà dit que les glandes sébacées du mamelon étaient destinées à lubréfier cet organe, et à rendre plus doux, moins irritants les frottements exercés sur lui pendant la succion par les lèvres de l'enfant. Quant aux glandes agrégées, annexées aux conduits galactophores, étudiées par Burkard et Berres, et qui, au dire de Morgagni, sécrètent une matière grasse spéciale, on ne connaît pas encore leurs usages.

Les nerfs du mamelon sont, comme dans tous les organes pourvus de tissu érectile, très-nombreux, à filaments renflés et mous, comme dans toutes les papilles du même ordre.

Je ne terminerai pas cet aperçu anatomique sans dire un mot des anomalies de cet organe. Quoiqu'elles ne rentrent pas d'une manière essentielle dans mon sujet, deux faits qui m'appartiennent me décident à ne pas passer outre.

La pluralité des mamelons est la moins fréquente des anomalies ; j'en excepte, toutefois, le cas où les conduits galactophores, déviés de leur route naturelle, viennent s'ouvrir en partie à la base du mamelon ou sur l'auréole elle-même.

Paulini a cité le cas de trois mamelons sur une seule mamelle. Tiedeman donne trois cas, dans deux desquels deux mamelons existaient sur une auréole à la mamelle gauche, et, dans le troisième cas, il y avait deux mamelons et deux auréoles à chacune des mamelles. Siebold cite le cas d'un mamelon surnuméraire plus petit, situé immédiatement au-dessous du mamelon normal, et donnant comme lui passage au lait. Hollier a vu un exemple pareil au précédent (*Observ. et Consult.*, lib. ij). Georges Hannœus parle d'une femme dont la mamelle gauche était garnie de cinq mamelons pourvus chacun d'une auréole, et le lait jaillissait de tous à la fois lorsqu'un seul était irrité. Champion (de Bar-le-Duc) observa le fait suivant : Une femme possédait quatre mamelles ; les deux supplémentaires étaient placées sous l'aisselle ; celle du côté droit était plus grosse que sa congénère, et toutes deux fournissaient du lait comme les deux glandes normales ; seulement le lait, au lieu de passer par un mamelon, sortait à droite par six petites ouvertures irrégulièrement distribuées au centre de la glande, et à gauche il y en avait cinq seulement. Enfin, T. Bartholinus parle d'une femme qui avait une mamelle sur le dos dépourvue de mamelon ; mais ce fait est mis en doute. La même assertion se trouve reproduite dans les *Éphém. des curieux de la nature*. (Dec. 2, an. 4, app., p. 263.)

Bidloo, Meckel, Winslow, Morgagni ont vu le lait sortir par des pertuis situés sur les tubercules de l'auréole. Ce fait est excessivement rare, et M. Cruveilhier le met presque en doute. Bourgery, dans son grand ouvrage sur l'anatomie, tome 5, page 333, 1839, admet aussi cette disposition, mais n'apporte aucune preuve à l'appui. J'ai observé un fait qui vient corroborer les assertions de ces anatomistes. Voici en peu de mots cette observation :

Rose Cargoule, inscrite sous le n° 436 sur le registre du service obstétrical, est originaire d'Espagne, âgée de 23 ans, mariée, tempérament sanguin, constitution forte, réglée à 15 ans, entre à la clinique le 20 juin 1858.

Elle a eu trois grossesses ; les couches ont toujours été heureuses ; elle a nourri tous ses enfants. Un d'eux vit encore.

Réglée pour la dernière fois le 1ᵉʳ octobre 1857, le travail débute le 1ᵉʳ juillet, à deux heures du soir ; elle perd les eaux à cinq heures, et l'accouchement se termine aussitôt. L'enfant est du sexe masculin, pèse 3,670 grammes, long de 53 centimètres, de la tête à l'ombilic 29 centimètres ; le cordon a 45 centimètres ; le placenta pèse 580 grammes, il est rond, 19 centimètres.

Le 3 juillet, la fièvre de lait est manifeste. Tout se passe bien ; les seins sont volumineux, pendants ; les mamelons, énormes et cylindriques. L'auréole est très-noire, étendue, et parsemée de tubercules très-apparents. Le 6 juillet, la mère et l'enfant vont très-bien. Ayant voulu saisir le sein pour faire sortir le lait, quel ne fut pas mon étonnement de voir le liquide sourdre par dix ou douze trous situés sur l'auréole, au niveau même des gros tubercules signalés plus haut ! Je répétai cette manœuvre à plusieurs reprises, et je constatai d'une manière positive que le liquide sortant par ces trous était identique, quant à l'aspect et le goût, à celui fourni par le mamelon. Je dirai, à ce sujet, que ce dernier me parut offrir autant de pertuis qu'à l'état normal, ce qui porterait à conclure que les canaux lactifères venant s'ouvrir sur l'auréole elle-même, ou venaient directement de la glande, ou bien auraient été des branches anastomosiques des canaux principaux. Je demandai à cette femme si elle avait remarqué cette disposition lors de ses grossesses antérieures ; elle me dit que ni elle ni personne n'avait vu cela. Cette disposition serait-elle récente, et s'expliquerait-elle par l'agrandissement d'un pertuis rudimentaire de ces gros tubercules déjà signalés, agrandissement dû à l'énorme accroissement de ces organes ? Cela est probable. Quant à discuter la question de savoir si les tubercules eux-mêmes seraient formés par l'extrémité renflée des conduits galactophores, ou bien s'ils seraient des follicules sébacés offrant une communication avec ces canaux, je pencherais pour la première hypothèse, et je considérerais ces tubercules comme de petits mamelons rudimentaires. Cependant, il pourrait arriver aussi que, dans des cas analogues, l'orifice du canal excréteur viendrait s'ouvrir à côté des glandes sébacées, celles-ci restant complètement indépendantes. Il ne m'a pas été possible de vérifier la disposition exacte du cas que je viens de citer.

Depuis que j'ai écrit ces lignes, j'ai pu observer un cas analogue. Je le dois à l'obligeance de mon ami et confrère le Dʳ Péry. Voici le fait :

Il s'agissait d'une femme âgée de 38 ans environ, d'une forte constitution, brune, tempérament sanguin, etc. Chez elle, l'anomalie semble être arrivée à son extrême limite de développement. Les seins sont moyens, mais assez gros pendant l'allaitement. Le mamelon, d'un volume rare, est un peu ovale et en forme de framboise ; il est légèrement étranglé à sa base, disposition qui entraîne fatalement la formation de gerçures, fissures, etc. Chez elle, bien qu'elle ait nourri onze enfants, à chaque allaitement elle a souffert beaucoup pendant les cinq ou six premières semaines ; passé cette époque, l'épiderme du mamelon devenant plus résistant, le mal disparaissait.

Les dimensions du mamelon sont, de haut en bas, de 18 millimètres ; transversalement, 15 millimètres. La saillie est de 25 millimètres ; l'auréole est très-brune, et a 52 millimètres de diamètre. Elle est complétement couverte de petites grosseurs sphéroïdales qui vont en diminuant de grosseur du centre à la circonférence. Les plus grosses sont au moins égales en volume à une groseille ; les plus petites sont à peine visibles ; les intermédiaires représentent assez bien les tubercules qui surviennent chez les femmes enceintes. En examinant attentivement, on voit très-distinctement, au centre de toutes ces grosseurs, un pertuis par lequel on fait *toujours* sortir du lait aussitôt qu'on presse la glande mammaire. Ces grosseurs s'érigent un peu comme le mamelon, et paraissent augmenter tous les ans sous l'influence de la lactation. Elles n'ont commencé à paraître qu'après le second enfant. Les succions exercées par les enfants n'ont pas eu autant d'influence que l'effet en lui-même de la sécrétion lactée, comme on pourrait le croire au premier abord, puisqu'au sein gauche les mamelons sont presque aussi gros, et cependant elle n'a jamais pu nourrir *longtemps* de ce côté, en raison des douleurs atroces qui survenaient après sept ou huit jours d'allaitement.

Enfin, pour terminer, j'ajouterai que cette femme est enceinte du douzième, que déjà l'on voit sourdre du liquide lactescent au niveau des pertuis dont j'ai déjà parlé. Il paraîtrait qu'une de ses amies, enceinte maintenant pour la seconde fois, commencerait à offrir une disposition analogue. (*Figure XIX.*)

M. Geoffroy Saint-Hilaire, dans son *Histoire générale et particulière des anomalies de l'organisation*, etc., tome 1, page 710, fait remarquer avec juste raison qu'il est naturel d'observer la répétition d'un des organes distinctifs de la classe des mammifères ; aussi les cas de sujets multimammes sont-ils assez nombreux. Percy, dans le *Journal de Médecine* de Leroux, Boyer, Corvisart, tome 9, page 378, a consacré un long mémoire à ce sujet.

Th. Bartholinus observa une femme ayant trois mamelles, dont deux situées normalement, la troisième formant avec les deux autres un triangle. Jean Borel cite un fait semblable ; seulement, ici, la mamelle surnuméraire était située sous celle de gauche, et donnait du lait comme les autres. M. Marotte a communiqué à la Société de Médecine des Hôpitaux le fait suivant : Une jeune fille de 17 ans offrait deux mamelles supplémentaires, situées dans les aisselles, et étant le siège de sensations douloureuses, en dehors de l'époque des règles, depuis l'âge de 12 ans. Après la grossesse, elles donnèrent du lait comme les autres (*Arch. de Méd.*, 4e série, t. 22, p. 114, 1850). Percy nous a conservé l'histoire détaillée d'une vivandière autrichienne ayant cinq mamelles, les quatre premières sur deux rangées, et la cinquième située entre le deuxième rang, un peu au-dessous et à 5 pouces de l'ombilic ; les quatre premières contenaient seules du lait. La dissection de la pièce, faite avec beaucoup de soin par Percy lui-même, rend encore plus intéressante cette observation. (Dictionnaire en 60 v., t. 4, p. 153.)

On sait que Julia, mère d'Alexandre Sévère, fut surnommée *Mammea*, parce qu'elle avait plus de deux mamelles. Un autre exemple, rapporté par Percy, est celui de la malheureuse Anne de Boleyn, dont la beauté fut si vantée, et qui parvint à cacher longtemps à Henri VIII, son époux, et à toute la cour la funeste prodigalité de la nature à son égard. Elle avait six doigts à chaque main, et trois mamelles. Cette infirmité fut peut-être une des causes de ses infortunes et du supplice que lui infligea son inconstant et barbare époux.

Des hommes mêmes ont offert des mamelles supplémentaires. François et Blandin ont vu chacun un cas de quatre mamelles : l'un, chez un lieutenant d'artillerie ; l'autre, chez un chirurgien des armées. Ansiaux, chirurgien à Liége, a vu un conscrit dont la mamelle gauche égalait celle d'une femme. Le mamelon en était gros et bien conformé.

Le Dr Robert (de Marseille) a communiqué à l'Académie des Sciences le fait très-curieux d'une femme portant une mamelle située à la face externe de la cuisse gauche, mamelle avec laquelle elle a allaité plusieurs enfants (*Journal de Physiol. expérim. et pathol.*, par F. Magendie, t. 7, p. 175, 1827). Enfin, une anomalie encore plus rare, c'est l'absence d'une des deux mamelles. Le Dr Lousier, dans sa *Dissertation sur la lactation* (Paris, an X, p. 15), dit avoir vu ce phénomène chez une dame et sa fille. Quant à l'absence complète de cet organe, je ne l'ai vu citer nulle part.

Dans presque tous les cas observés, les mamelles supplémentaires fournissaient du lait, et l'on pouvait les faire servir à l'allaitement. J'ai eu l'occasion d'observer un fait qui fait exception à cette règle. Voici le cas :

Justine Bernardet, âgée de 22 ans, fille, tempérament lymphatique-sanguin, constitution moyenne, réglée à 16 ans, menstruation régulière, abondante et sans douleur, primipare, entre à la clinique le 14 septembre 1858, et on l'inscrit sur le registre sous le n° 483. Elle accouche le 11 octobre de la même année, à huit heures du soir, d'un garçon pesant 3,620 grammes. Ici, je transcris textuellement l'observation que je pris alors :

« Aujourd'hui, 12 octobre, la mère et l'enfant vont très-bien. On examine les seins de la femme, et l'on constate une anomalie très-curieuse : les deux glandes mammaires sont d'un volume normal, mais très-aplaties et à base large ; les mamelons sont petits par rapport à la glande elle-même, de forme conique, entourés d'une auréole très-noire et très-petite. Les deux papilles, au lieu de correspondre au centre de la glande; sont situées près du centre de la moitié supérieure de la demi-sphère formée par ces glandes, et regardent directement en haut.

» Immédiatement au-dessous des deux seins, on trouve deux petites éminences sphéroïdales, fermes au toucher. Celle de droite, un peu plus grosse, égale le volume d'une pomme ordinaire; celle-ci est surmontée d'un mamelon gros comme un grain de blé d'Espagne, qui est entouré d'une auréole de 1 centimètre de diamètre. L'autre offre un mamelon gros comme la tête d'une épingle; l'auréole est moins grande que la précédente. Les deux mamelons sont imperforés; ils offrent une légère dépression transversale; celui de droite s'érige au contact, l'autre est tout à fait rudimentaire.

» Le 13, lorsque le lait n'est pas encore monté dans les grosses glandes, les deux petites sont fortement engorgées, très-dures, et sensibles à la pression, ce qu'elles n'offraient pas hier. On a beau presser sur les bases, on ne peut faire sortir le lait par le mamelon. A ce moment, on constate une disposition devenue très-manifeste : c'est que les deux petites glandes ne communiquent pas avec les autres.

» Le 15, la montée du lait a lieu dans les grandes. Deux jours après, les petites sont redevenues molles et ne contiennent plus de lait. »

Voici maintenant les dimensions prises :

Entre les deux gros mamelons, 23 centimètres;

Entre les deux petits, 19 centimètres;

Entre les mamelons de chaque côté : à droite, 7 centimètres 1/2; à gauche, 7 centimètres.

Cette femme est sortie quelques jours après, et les deux petits seins sont toujours restés mous, tandis que les autres étaient le siège d'un travail de sécrétion très-actif.

Comme on le voit par ce rapide aperçu, cet organe, le mamelon, mérite d'être étudié et examiné avec soin; mais c'est surtout en nous occupant de sa pathologie que nous verrons combien les diverses dispositions qu'il peut affecter sont utiles à connaître. Auparavant, un mot sur sa physiologie.

La condition spéciale de la glande mammaire, sympathiquement liée à l'utérus comme concourant ensemble vers le même but, fait qu'ici on est obligé de tenir grand compte de cette excitation spéciale, provoquée par la matrice durant la grossesse et après la parturition. C'est donc à elle qu'on doit rapporter la cause première, le point de départ de la sécrétion lactée. Les phénomènes observés du côté des seins, chez certaines femmes, à chaque période menstruelle, en sont encore une preuve évidente.

Mais il est une autre cause qui, sans être aussi puissante, lui vient grandement en aide : c'est l'excitation du mamelon.

En effet, le système nerveux de cet organe est très-développé, et fait essentiellement partie de celui de la glande et des canaux galactophores.

Or, l'excitation de cet organe par les lèvres de l'enfant se transmet par action réflexe du centre nerveux à la glande elle-même ; de plus, la contractilité dont est douée la tunique externe des canaux lactifères est aussi excitée par la même cause. Qu'en résulte-t-il ? Évidemment l'augmentation, l'accélération de la sécrétion lactée. Aussi les femmes disent-elles, lorsque leur nourrisson saisit le mamelon : Le lait monte. C'est qu'en effet, au début de la séance, le lait est clair, séreux et en petite quantité; peu après, il est opaque, épais et bien plus abondant; c'est alors qu'on voit quelquefois, sous l'influence de cette excitation continue, dont le point de départ réside dans le mamelon, le lait jaillir avec force par les pertuis de cet organe. Sans cette excitation, et malgré la montée du lait lors de la fièvre du même nom, l'engorgement des seins cesserait bientôt, et le lait ne tarderait pas à disparaître.

Aussi ne doit-on jamais oublier ce précepte : c'est qu'il vaut toujours mieux pour une femme ne jamais nourrir, que de commencer pour y renoncer quelques jours après. C'est alors surtout que les accidents sont le plus à craindre, car, à la sensibilité exagérée, maladive que possède à cette époque le mamelon, la glande fonctionne activement, et un arrêt brusque dans son exercice apporte souvent des troubles locaux ou généraux qui sont le point de départ d'affections sérieuses.

C'est donc au début même de l'allaitement que le médecin doit être consulté pour prendre une décision.

L'excitation provoquée par le mamelon est bien puissante, et ce qui la met encore mieux hors de doute, ce sont ces faits extraordinaires cités par les auteurs. Ainsi, dans un cas, une jeune fille impubère, voulant calmer les cris d'un enfant qu'elle gardait, lui présenta le sein. Quel ne fut pas son étonnement, lorsqu'après plusieurs séances, elle vit apparaître du lait ! Une vieille dame, obligée de soigner son petit-fils, dont la mère était morte, ne pouvant parvenir à apaiser ses cris, lui offrit les seins, et peu après quelques gouttes de lait apparurent. Enfin, chose bien plus étonnante, au lieu de prendre une nourrice, elle allaita elle-même l'enfant, qui s'en trouva fort bien.

De Humboldt, dans son *Voyage aux régions équinoxiales du Nouveau-Monde*, tome 3, page 58, dit avoir vu, dans le village d'Arena, un laboureur, nommé Francisco Lozano, qui avait nourri son fils de son propre lait. La mère de l'enfant était tombée malade; pour tranquilliser celui-ci, il lui donna le sein, et l'irritation de la mamelle provoquée par les succions de l'enfant amena la sécrétion de ce liquide. Lorsque de Humboldt le vit, l'enfant avait 13 à 14 ans. M. Bompland, le compagnon de l'illustre voyageur, examina attentivement les seins du père, et les trouva ridés comme ceux d'une femme qui a nourri ; le sein gauche était surtout très-dilaté ; or, Lozano avait remarqué que ce sein donnait toujours beaucoup plus de lait que l'autre.

N'oublions pas de mentionner encore cette sensibilité spéciale, cet éréthisme nerveux dont le mamelon et la glande mammaire sont le siége chez certaines femmes. Cette sensibilité est telle que, dans quelques cas, nous avons vu, à l'approche de la période menstruelle, les mamelons devenir très-douloureux. Dans ces cas, le plus léger frottement, le contact de vêtements trop justes font souffrir la femme; à plus forte raison les succions opérées par l'enfant provoqueront-elles des souffrances inexprimables.

Les détails dans lesquels je suis entré à propos de la conformation du mamelon me permettront, je crois, de mettre mieux en lumière un des points les plus intéressants de la pathogénie de cet organe. Je veux parler des accidents dont il est le siége pendant l'allaitement, c'est-à-dire des érosions, excoriations, gerçures, fissures et crevasses.

Ces diverses affections ne forment souvent qu'une seule et même maladie prise à ses différentes phases. Mais dans d'autres cas, au contraire, on peut constater d'emblée et exclusivement l'une ou l'autre. Avant d'aller plus loin, définissons ces lésions.

L'*excoriation*, dont l'érosion constitue le point de départ, est une petite plaie superficielle du derme, sans forme définie, dans laquelle la pellicule épidermique, ayant été enlevée, a laissé le derme à nu.

Si elle s'étend en profondeur, et que l'épaisseur du derme soit attaquée, on a alors une *ulcération*.

Ces deux premières maladies n'ont pas de siége fixe et de prédilection sur l'organe. Dans ces cas, le derme est rugueux, pointillé, d'un rouge vif, fournissant un léger suintement séro-purulent, et quelquefois même un peu de sang.

La *gerçure* est formée par le fendillement de l'épiderme, dont les bords dissociés s'écartent et laissent à nu le derme dans une étendue variable et toujours linéairement.

La *fissure* est une ulcération plus ou moins profonde, linéaire, d'une longueur variable, et affectant des directions diverses, comme la lésion précédente, suivant la forme de l'organe et le point qu'elle occupe.

Les *crevasses* sont une exagération des fissures. Dans ces cas, le pourtour de l'ulcération est fendillé plus ou moins loin, et quelquefois on observe une tuméfaction ou même une induration du mamelon.

L'étiologie de ces lésions offre un certain intérêt, et cela pour plusieurs raisons : c'est que, 1º elle laisse beaucoup à désirer dans les auteurs les plus complets ; 2º le mécanisme de la formation des gerçures, fissures, etc., est souvent très-erroné ; 3º c'est qu'enfin de la bonne appréciation de ce point découle immédiatement un traitement prophylactique, simple, sûr et commode.

A part la prédisposition due à la conformation vicieuse de l'organe, et sur laquelle nous nous sommes déjà longuement étendu, il existe encore plusieurs ordres de causes bien tranchés, pouvant chacun provoquer l'apparition des gerçures, fissures, etc.

Il n'est pas rare d'observer sur le mamelon, surtout à sa base et sur l'auréole, une affection dartreuse qui tient le milieu entre l'eczéma et les affections squammeuses ; c'est ce qu'on a désigné sous le nom d'eczéma du mamelon et de l'auréole. Cette affection est caractérisée par de petites plaques feuilletées, farineuses, suivant, dans leurs brisures, les contours de l'organe, se détachant lentement, et laissant après leur chute une surface vive plus ou moins linéaire, légèrement humectée par un peu de sérosité. Au premier aspect, on dirait souvent qu'on a affaire à une véritable affection squammeuse, tant les croûtes sont écailleuses et sèches ; mais au-dessous, si l'on vient à enlever la croûte, on trouve le plus souvent une surface humide ; je dis le plus souvent, car quelquefois cette surface est pour ainsi dire sèche. Aussi serait-on jusqu'à un certain point indécis, si l'on avait à préciser le diagnostic. J'insiste à dessein sur ces détails, et voici pourquoi : c'est qu'il pourrait fort bien se faire que les fissures, les gerçures, les crevasses qu'on peut observer au bord libre des lèvres, de l'orifice anal, à l'orifice externe des narines, sur le gland, etc., eussent quelquefois, sinon toujours, pour point de départ, une affection identique à celle que je viens de décrire, affection qu'on pourra appeler dartre, pour ne pas préjuger sur sa nature, et la ranger dans les affections squammeuses ou vésiculeuses dont elle n'a pas, d'une manière tranchée, l'aspect et le mode d'évolution.

Quant à la cause de cette affection elle-même, quant à sa nature, il est difficile d'y répondre. Aujourd'hui que les esprits plus positifs et plus observateurs ont cherché la cause générique des affections de la peau dans la présence de productions parasitaires, cryptogamiques, pourrait-on admettre cette cause, et attribuer cette maladie épidermique, car c'en est une à coup sûr, à la présence du tricophyton, ou plutôt à celle des corps amylacés, parasites dont le développement ferait éclater l'épiderme, dissocierait les cellules épithéliales et les détacherait de la couche de Malpighi ? On comprendra combien la résolution de ces questions est hérissée de difficultés. On n'est même pas encore fixé sur la nature des corps amylacés, qui, pour quelques micrographes, ne seraient pas des corps organisés, mais de simples corpuscules d'amidon. M. Ch. de Sainte-Marie, à qui appartient la théorie que je viens d'exposer, croit que la présence des parasites végétaux joue un très-grand rôle dans les maladies de la peau, et que, comme dans la maladie dartreuse du mamelon, on s'est trop hâté de conclure en niant ou en admettant dans les affections de la peau tels ou tels cryptogames, ou bien leur absence absolue. Pour lui, les corps amylacés sont des êtres organisés, et qui doivent, plus que tout autre champignon, jouer un grand rôle dans les affections épidermiques.

Quoi qu'il en soit, il est facile, l'affection dartreuse existant sur le mamelon, d'expliquer la formation des gerçures, fissures, etc.

Qu'une femme atteinte vienne à nourrir, le premier accident qui surviendra sera la chute des écailles épidermiques, le derme laissé à nu s'irritera au contact des lèvres et de la salive de l'enfant; et si la femme n'a pas soin de tenir ses seins à l'abri, l'air agira vivement sur cette surface dénudée. Le premier jour, il y aura une violente cuisson ; le second ou le troisième, l'affection gagnera en profondeur ou en surface. Une ulcération ou une fissure qui était invisible et à l'état naissant avant la lactation aura pris de grandes proportions, et un examen attentif la fera voir ; à ce moment, les douleurs auront un caractère d'acuité remarquable, et bientôt elles seront atroces ; la malheureuse mère subira un vrai supplice.

Voici donc une première cause dans laquelle la maladie préexiste souvent, mais à l'état rudimentaire ; la cause occasionnelle, c'est-à-dire la succion du mamelon, vient la développer, lui donner des dimensions apparentes, et elle acquiert alors une propriété caractéristique commune à toute cette classe d'affections, c'est-à-dire la douleur provoquée par un tiraillement du tissu sur lequel repose l'ulcération.

La facilité de production est telle lors de l'existence de l'affection squammeuse dont nous avons parlé, que de simples frottements exercés par le corset ou les tissus qui recouvrent les seins suffisent parfaitement. Témoin le fait que nous avons déjà cité, et dont nous avons donné le dessin figure VIII (voir plus haut, page 6).

Les nouveau-nés syphilisés peuvent-ils provoquer les gerçures du mamelon, et devenir la cause et le point de départ de l'infection de la nourrice ? Cette question est et sera toujours difficile à résoudre. Cependant, en présence des faits cités par les opposants à la doctrine de M. Ricord, et des cas observés par nous-même, nous admettrons la production des gerçures et la possibilité de cette infection.

Nous nous rappelons très-bien l'histoire de quatre nourrices envoyées en même temps, en 1858, dans le service de M. Levieux, salle 9, lits 21, 22, 23 et 24. Ces femmes portaient toutes sur les mamelons des cicatrices linéaires encore rosées ; leurs nourrissons venaient du service obstétrical de l'hôpital Saint-André, où leurs mères avaient subi un traitement spécifique. La bouche des enfants, d'après une note que me remit M. le Dr Sous, interne de l'hôpital des enfants à cette époque, offrait des ulcérations syphilitiques.

M. Bouchut rapporte trois observations analogues dans son *Traité de pathologie des nouveau-nés ;* comme dans les faits précédents, la bouche des nourrissons était ulcérée.

Évidemment, dans ces cas, la formation des gerçures, fissures, etc., ne peut être expliquée que de deux manières : ou la salive des enfants, ou le mucus purulent provenant des ulcérations syphilitiques a agi spécifiquement, comme le virus du chancre, ou bien comme simples liquides irritants agissant sur un point tiraillé, humecté et recouvert d'un épiderme fin. Mais, en présence des accidents survenus chez les nourrices, on doit admettre la première des deux explications. Je sais bien qu'à cela les partisans de la doctrine de M. Ricord opposeront la possibilité de l'infection antérieure de la nourrice par une autre voie ; mais, au lieu de mettre en jeu la moralité de ces malheureuses, il faudrait, avant tout, expliquer comment il se fait que des femmes séjournant depuis plusieurs mois dans un hospice, ne sortant pas de la maison, ayant allaité d'autres enfants immédiatement avant celui qui était infecté, n'ayant offert, pendant ce laps de temps, aucun accident, sont devenues tout à coup, après deux à six semaines d'allaitement suspect, infectées de la tête aux pieds ; ajoutez à cela cet autre fait très-significatif, celui de fissures, gerçures sur le mamelon, et l'enfant offrant des ulcérations secondaires dans la bouche. Maintenant, admettre la possibilité d'une simple coïncidence, c'est se lancer dans le calcul des probabilités fictives, et croire que la syphilis respecte les titres ou la fortune.

Voici donc une cause très-importante, dont le rôle est double, car à l'effet local s'en ajoute un second bien autrement grave, mettant en jeu quelquefois l'honneur des familles. Nous insisterons encore particulièrement sur ces faits ; car, au besoin, on peut tirer de l'état et des cicatrices que peut offrir le mamelon une preuve de plus de la possibilité de l'invasion syphilitique de l'enfant à la nourrice par cette voie. En médecine légale, les moindres signes acquièrent souvent une valeur de premier ordre, et celui-ci est du nombre, à mon avis.

Souvent les gerçures syphilitiques passent pour ainsi dire inaperçues, témoin les cas que nous avons cités un peu plus haut. Cela tient surtout à ce que, survenant alors chez des femmes dont les mamelons sont bien conformés, une cause essentielle manque à leur agrandissement, savoir : les violentes succions, inutiles ici du moment que le mamelon est très-facile à saisir et que la femme a du lait.

Il est encore une troisième cause pathologique de ces lésions : c'est la présence des aphthes, du muguet, et de ce que M. Gendrin a appelé la diacrise acescente.

En 1845, M. Rossi avança que les gerçures et les crevasses tenaient toutes à la présence des aphthes dans la bouche des nouveau-nés. Je crois que M. Velpeau a bien raison de mettre en doute les assertions de l'auteur en ce qu'elles avaient de si absolu. Néanmoins, ce dernier s'est peut-être trompé lorsqu'il dit, à propos de cette doctrine : « Il est vrai que le muguet, que les aphthes modifient parfois la salive, les liquides de la bouche, au point de leur donner un certain degré d'âcreté, et que, par leur contact avec le mamelon, ces liquides peuvent faire naître de l'irritation, des excoriations ; mais il est difficile que des gerçures, des crevasses, souvent linéaires et assez profondes, aient une pareille origine. » (Velpeau, *Traité des maladies du sein*, etc., p. 11, 1854.)

En effet, il se peut, et cela arrive évidemment, qu'au début, le muguet, les aphthes, que la salive altérée, produisent simplement une érosion; mais ces causes continuant d'agir, et, d'autre part, l'enfant tiraillant toujours le mamelon, et celui-ci étant plus ou moins étranglé ou pédiculé à sa base, une fissure, une gerçure survient. Dans ces cas, les maladies buccales du nourrisson auront été la cause première, et l'action mécanique de la succion complétera ce premier travail pathologique. Par conséquent, nous admettrons l'opinion de M. Rossi; seulement nous ajouterons que cela n'a pas toujours lieu, et que quelquefois les ulcérations du mamelon, au lieu d'être le résultat du muguet chez le nourrisson, en sont au contraire l'une des causes.

MM. Bretonneau, Bouchut, Rayer, Empis, disent avoir vu des cas de transmission du muguet de l'enfant à la nourrice. Cette affection peut donc être rangée au nombre des causes des gerçures, fissures, etc..., au même titre que les ulcérations syphilitiques. Dans ces cas, souvent les ulcérations ne sont pas douloureuses, parce qu'il arrive que l'enfant atteint du muguet mange moins, est faible, et que ses efforts ne sont pas si violents.

Gendrin, dans son *Traité philosophique de médecine pratique*, t. III, p. 504, admet formellement l'action irritante de la salive altérée, maladie qu'il désigne sous le nom de diacrise acescente. La salive de l'enfant est acide, dit M. Cazeaux, et, pour peu qu'il reste de caseum, cela est bien suffisant pour déterminer des excoriations. Dans ces cas, nous avons affaire à l'action irritante pure et simple d'un produit de sécrétion normale de l'économie déposé sur le mamelon.

Enfin, pour terminer cet ordre de causes, nous ajouterons que le ramollissement, la macération du mamelon et surtout de l'épiderme, suffisent quelquefois pour devenir le point de départ des affections qui nous occupent. Cette action est évidente ; mais ici, comme ailleurs, l'effet des succions est indispensable.

Il est un autre ordre de causes sur lequel on passe un peu légèrement : je veux parler de l'action du froid sur l'épiderme. On sait combien cet enduit inorganique est hygrométrique. Or, qu'arrive-t-il après son imbibition, son ramollissement par les succions de l'enfant, si la nourrice n'a pas soin d'essuyer le mamelon et de le mettre à l'abri du froid ? L'épiderme se fendille comme aux lèvres, une fissure épidermique existe, et, dans tout son trajet, le derme est mis à nu au même niveau. On a alors une fissure rudimentaire, mais qui plus que toute autre ne tardera pas à représenter l'affection type en ce genre; et tout le monde sait par expérience combien une simple gerçure du bord libre des lèvres s'accompagne parfois de douleur, là où aucune autre cause ne vient provoquer et augmenter le mal, comme dans les gerçures, fissures du mamelon. Que d'imprudences commises par la nourrice, malgré les avis du médecin! mais aussi que d'accidents après l'impression vive du froid sur l'organe mammaire !

J'arrive à la dernière cause qui, sans contredit, est de toutes la plus importante. A elle seule, lors même que le mamelon est bien conformé, lorsqu'aucune autre des causes précédentes ne survient, elle peut provoquer les mêmes affections. Tout le monde est d'accord sur ce point, mais il en est deux autres sur lesquels on n'a pas assez insisté : 1° l'explication du fait en lui-même ; 2° l'action variée de cette cause suivant la forme même de l'organe.

Déjà, dans la première partie de mon travail, j'ai donné, à propos des variétés de conformation de la papille du sein, quelques explications à ce sujet ; je complète ici ce que j'avais à en dire.

Lorsque l'enfant saisit le mamelon, que se passe-t-il ? L'organe est pressé entre les lèvres et logé dans un conduit semi-circulaire formé inférieurement par la face supérieure de la langue dont les bords se relèvent légèrement, et supérieurement par la voûte palatine. L'extrémité du mamelon est libre ; l'enfant exécute à l'aide de ses joues un mouvement d'aspiration d'autant plus énergique qu'il est plus fort et qu'il trouve plus de résistance, plus de difficulté à saisir la papille et à la maintenir dans sa bouche.

Ce mouvement détermine nécessairement, en vertu de lois physiques bien connues, un afflux de sang à la superficie du mamelon et surtout à son extrémité libre. L'épiderme n'offre pas assez de solidité, et si la succion est forte, le sang sort des capillaires qui le contiennent et s'épanche sous l'épiderme qu'il décolle et détache du derme. Alors, si l'on examine la surface du mamelon de la première à la cinquième séance de l'allaitement, on trouve une ecchymose plus ou moins prononcée, et variant, quant à sa forme et son aspect, suivant le point de l'organe. Au sommet, on la trouve toujours sous forme de stries brunâtres, fines, longues de 2 à 4 ou 5 millimètres. Ce premier accident causé est ce qu'on nomme vulgairement un suçon. Aux séances suivantes, la même action continuant, l'épiderme déjà soulevé achève de se détacher, tombe, et le sang extravasé, le suivant dans sa chute, laisse à découvert une portion du derme. On a donc là en général une dénudation linéaire, longitudinale ou circulaire. Dans certains cas, lorsque, dans les premières séances, l'épiderme résiste, il survient une légère irritation ; l'épanchement sous-épidermique, au lieu d'être purement sanguin, est séro-sanguinolent, et le liquide se réunit pour former une petite vésicule toujours plus ou moins allongée. Ce deuxième cas s'observe moins souvent. Il est un peu difficile à voir, à cause de sa durée très-éphémère, et surtout parce qu'à ce moment la femme n'éprouve encore aucune souffrance.

L'épiderme étant détaché et le derme mis à nu, on a une érosion, une fissure, et les transformations diverses surviennent dans ce cas comme précédemment. Seulement, ici, on observe quelquefois un accident bien plus grave : c'est la dénudation complète de tout le mamelon. Ce fait est assez rare, fort heureusement. Il arrive surtout lorsque l'organe affecte la forme framboisée.

Voici donc un premier effet produit par l'action mécanique de la succion. Le deuxième, que je ne fais que rappeler ici, c'est l'agrandissement d'une fissure, d'une érosion préexistant à la grossesse, ou se montrant pendant l'allaitement, sous l'influence du froid, de la syphilis, du muguet, des aphthes, de la salive altérée, etc.... Le troisième effet s'observe surtout chez les nourrices dont le mamelon est mal conformé, pédiculé, étranglé à sa base, en un mot, en champignon ou en baguette de tambour. Sous l'influence des tractions que subit l'organe, le pédicule, portion plus faible, résiste moins, et après avoir fourni une certaine élongation, l'épiderme et le derme se déchirent, et l'on a d'emblée une fissure extrêmement douloureuse.

Enfin, il arrive comme accident ultime que, soit sous l'influence de l'inflammation et de la succion, soit sous l'influence seule de cette dernière cause, le mamelon est arraché, accident qui rend complètement impossible l'allaitement.

En résumé, nous dirons que : 1º les affections du mamelon préexistent quelquefois à la période de l'allaitement, mais qu'elles sont alors à l'état rudimentaire ; 2º que la mauvaise conformation de l'organe, sa sensibilité trop exquise et la finesse de l'épiderme qui le recouvre sont autant de causes prédisposantes, dont la suppression sera d'un grand effet, et amènera nécessairement la rareté de ces lésions.

J'ai déjà parlé des symptômes. Un seul mot pour terminer ce point. Les fissures, gerçures, etc..., se compliquent toujours d'une douleur quelquefois très-vive, mais atteignent dans certains cas une acuité extraordinaire : c'est lorsque la lésion affecte une forme circulaire. Alors, la moindre traction exercée par les lèvres de l'enfant provoque des douleurs atroces, et la malheureuse nourrice voit arriver avec effroi le moment où elle doit donner le sein. A mesure que l'enfant approche sa bouche, instinctivement elle se recule ; enfin, le mamelon est saisi, la douleur éclate, peu après elle s'apaise, mais renaît tout aussitôt que le petit être, un moment arrêté, reprend l'organe encore plus avidement.

Les accidents qui surviennent parfois sont de trois ordres :

Du côté de l'enfant, le sang qui vient sourdre à la surface du mamelon dénudé est avalé avec le lait et provoque parfois des selles sanguinolentes ou des vomissements tachés en rouge. La famille peut s'effrayer outre mesure, si le médecin ne se hâte de la prévenir et de la rassurer ; de plus, le vomissement est toujours un accident fâcheux et nuisible à la santé du nourrisson. Le pus qui suinte des surfaces enflammées n'est pas moins nuisible pour lui.

Du côté de la mère, les douleurs qu'elle éprouve agissent sur son moral ; le lait est moins abondamment sécrété ; et les nuits sans sommeil, la surexcitation nerveuse qui en est la suite, une mauvaise digestion, conséquence de cet état douloureux, peuvent amener un appauvrissement du lait tel qu'il est complètement insuffisant pour l'enfant.

Du côté des organes sécréteurs, les résultats sont souvent très-sérieux. D'une manière générale, on peut dire que fréquemment les affections du mamelon contribuent en grande partie aux maladies inflammatoires du sein pendant la période de l'allaitement ; la sympathie nerveuse, et la continuité et contiguïté des divers éléments anatomiques qui constituent ces deux organes, nous en donnent une explication satisfaisante.

Si la lésion du mamelon est très-superficielle, on peut observer une angioleucite de la mamelle, provoquée par l'inflammation des lymphatiques superficiels du derme ; si, au contraire, la lésion est plus profonde, on observe une inflammation du tissu sus-glandulaire au niveau de l'auréole ou ailleurs ; ou bien encore, la phlogose gagnant en profondeur, on observe soit l'inflammation du tissu propre du mamelon et plus tard un abcès, soit celle des conduits galactophores, et, par contre, un abcès glandulaire peut en être la conséquence et la terminaison. Enfin, dans ce dernier cas, l'inflammation parenchymateuse peut survenir par le mécanisme suivant : les tissus qui constituent le canal lactifère, en devenant le siége d'une vive irritation, se tuméfient, s'accolent, et celui-ci n'est plus perméable ; le lait emprisonné dans la glandule correspondante devient un corps étranger dont la présence irrite les cavités qui le contiennent, un engorgement inflammatoire survient, et plus tard une collection purulente. C'est ainsi qu'on peut expliquer ces mammites partielles circonscrites, se succédant dans le courant de la maladie, et n'offrant, comme *seul point de contact*, que leur origine commune, l'inflammation de plusieurs canaux au niveau même du mamelon. C'est dans ces cas que le chirurgien se trouve dans la douloureuse nécessité de recourir, à plusieurs reprises, à l'instrument tranchant, s'il ne veut pas voir survenir d'accident plus grave ; quoi qu'il fasse, il ne peut, la plupart du temps, prévenir la formation du pus, et souvent même la collection est déjà considérable avant qu'aucun signe extérieur, caractéristique, ait permis de poser un diagnostic.

La marche des affections du mamelon est plus ou moins rapide ; cela dépend de l'époque de leur apparition, et surtout de l'état de l'organe. Toutes choses égales d'ailleurs, il faudra bien moins de temps à la fissure pour se former au début de l'allaitement que cinq ou six mois après, lorsque le mamelon est moins sensible et que le derme et l'épiderme ont pris une certaine consistance qui leur permet de résister plus efficacement aux effets mécaniques de la succion.

La durée de ces affections est très-variable. Une fissure circulaire sera toujours beaucoup plus longue à guérir qu'une fissure longitudinale. Une gerçure est plus tenace qu'une simple érosion. Enfin, la femme qui renonce à allaiter emploie toujours le remède par excellence.

La terminaison a été indiquée lorsque nous avons parlé des complications qui peuvent survenir dans quelques cas. Quant à la guérison pure et simple, sans accidents, c'est celle sur laquelle on doit compter, si l'on use d'un traitement rationnel.

TRAITEMENT.

Les considérations dans lesquelles je suis entré à propos de la conformation du mamelon et du mécanisme des fissures, gerçures, etc..., m'amènent à m'occuper d'une manière spéciale du traitement préventif. J'insisterai d'autant plus sur ce point, que la plupart des auteurs s'en occupent à peine, et semblent croire que les affections du mamelon appartiennent à la catégorie de celles qu'on doit considérer comme une des nombreuses infirmités auxquelles l'espèce humaine ne peut se soustraire. Pour nous, c'est tout le contraire ; autant le traitement curatif offre de difficultés et exige de patience, tant de la part du médecin que de la malade, autant le traitement préventif employé à temps et avec soin procure de sécurité pour l'avenir. Mais, il faut bien le dire, l'insouciance de la future nourrice est incroyable. Que de conseils n'avons-nous pas donnés aux femmes du service obstétrical pour les mettre à l'abri d'accidents si fréquents et si pénibles ! mais aussi que de faits sont venus prouver la justesse de nos prévisions et l'inutilité de nos avis !

La formation du mamelon et l'endurcissement de l'épiderme, voilà ce qu'on doit obtenir pour prévenir ces lésions.

Les moyens employés pour obvier aux vices de conformation de l'organe sont assez nombreux. De tout temps on a conseillé d'envelopper le mamelon dans des étuis de cire vierge ; ce moyen est défectueux pour deux raisons : 1º l'étui n'est pas assez résistant, et s'aplatit ; 2º embrassant hermétiquement le mamelon, il s'oppose au contact de l'air, et, par conséquent, rend l'épiderme encore plus sensible, moins propre à résister aux frottements incessants que lui feront subir les lèvres de l'enfant.

Les bouts de sein en ivoire ramolli, en caoutchouc, en gutta-percha, en liége, en tétines de vache, en plomb, en étain, en buis, etc., offrent à peu près les mêmes inconvénients : 1º ils n'agissent pas sur la sensibilité propre de l'organe, et, par conséquent, ne provoquent pas son développement, son érection ; 2º l'épiderme est trop à l'abri ; 3º ils sont d'un maintien difficile, et, mal appliqués, ils aplatissent le mamelon au lieu de le développer.

Pour arriver plus sûrement au but qu'on se propose, on doit :

1º Deux ou trois mois avant l'accouchement, exercer, plusieurs fois par jour, des tractions sur le mamelon, et l'exciter de manière qu'il s'érige. Pour exercer efficacement cette traction, on doit saisir l'organe à sa base, ou l'auréole elle-même, entre le pouce et l'index, serrer un peu et tirer à soi ; à chaque séance, on exécute cette manœuvre à plusieurs reprises jusqu'à ce que le mamelon n'augmente plus de volume.

2° Le lotionner tous les jours, à plusieurs reprises, avec une décoction légèrement tonique et astringente ; le tannin, le quinquina, le gros vin rouge, etc..., rempliront bien ce but. Aussitôt les lotions faites, on l'essuie rapidement et avec soin.

3° Ne pas comprimer les seins avec les goussets du corset. C'est une précaution importante à prendre ; il arrive souvent que des mamelons, très-aplatis par cette pression continue, semblent au premier abord incapables de servir. Dans ces cas-là, les simples précautions que nous venons d'indiquer suffisent pour redonner au mamelon sa forme normale.

4° On sait combien le contact de l'air et les frottements répétés agissent sur les organes qui sont ordinairement à l'abri, témoin ce qui se passe au gland après la circoncision, à la matrice dans le prolapsus, etc. : l'épiderme, de fin et de pénétrable qu'il était auparavant, prend la rudesse et l'épaisseur de celui qui recouvre le derme cutané. Nous conseillerons donc d'ajouter aux moyens précédents celui de ne pas trop emprisonner les seins, de ne pas les calfeutrer de manière à ce que le bout, moins à couvert, s'habitue de bonne heure aux frottements, au contact de l'air, en un mot, afin que sa surface soit moins impressionnable.

Nous avons vu, à propos de l'étiologie, que l'air froid devenait quelquefois cause de fissure, mais seulement alors que le mamelon sortait humide et chaud de la bouche de l'enfant. Dans le cas contraire, l'air contribue à tanner la surface de l'organe, aussi bien là qu'au pénis, à l'utérus, etc...

Si les moyens précédents ne réussissent pas à former le mamelon, on doit alors recourir à la succion exercée soit par le mari ou toute autre personne qui veuille bien s'y prêter, voire même un jeune chien de grosse espèce dont les dents n'ont pas encore percé ; on aura soin de lui envelopper les pattes.

On a encore conseillé la pompe-ventouse, vissée sur un bout de sein mis en place. Ce moyen est défectueux ; on ne peut toujours calculer son action, et l'on provoque quelquefois un afflux de sang tellement considérable, que ce liquide sort des vaisseaux et vient former des épanchements sous-épidermiques. Quant aux simples rondelles circulaires recouvrant l'auréole et laissant passer le mamelon par leur trou central, elles ont l'inconvénient d'entretenir un état congestionnel continu de l'organe, par suite de la pression circulaire qu'elles exercent à sa base.

Mais il est une limite extrême au delà de laquelle il ne faut plus espérer. Il est évident que là où la nature n'a pas donné de mamelon, tous les moyens employés resteront infructueux. Néanmoins, nous ajouterons que, si petit que soit l'organe, il est possible de le rendre apte à l'allaitement, à la condition, toutefois, d'avoir recours de bonne heure aux moyens précédents. Il suffit d'examiner le développement énorme qu'il prend lorsque la femme a allaité plusieurs enfants, pour se convaincre de l'énergie de la succion.

A ces divers moyens, nous devons ajouter les suivants, indispensables à employer lors de l'allaitement, dans tous les cas, mais principalement dans ceux qui facilitent la formation des gerçures, fissures, etc... Il faut donner le sein quelques heures après l'accouchement, et ne pas attendre la fièvre de lait. Nous ne comprenons pas comment on a pu conseiller le contraire; car, outre que le colostrum, sécrété alors, est très-utile au nouveau-né, sinon indispensable, de plus, la glande, n'ayant pas encore atteint tout son développement, l'enfant n'est pas obligé de faire des efforts si violents pour saisir le mamelon et extraire le lait; plus tard, l'engorgement de la glande contribue pour une bonne part à l'effacement de la papille; ajoutez que cet engorgement est bien plus prononcé lorsqu'on n'a pas donné le sein à l'enfant avant la fièvre de lait.

Au moment de donner le sein, la nourrice doit saisir le mamelon, le faire saillir autant que possible, et le présenter avec soin à l'enfant, de manière qu'il repose au-dessus, et non au-dessous de la langue, et que son nez ne vienne pas à s'enfoncer dans la glande mammaire. Nous avons été souvent témoin de la négligence incroyable avec laquelle les nourrices exécutent ce mouvement. Plusieurs fois même l'enfant, au lieu de saisir le mamelon, appliquait ses lèvres à la base de l'organe ou sur l'auréole même, où il ne tardait pas à produire un suçon.

Aussitôt après, on doit essuyer le mamelon avec soin, comme le dit M. Cazeaux. (*Traité d'accouch.*, p. 974, 1856), et puis le soustraire au contact de l'air froid. Enfin, il ne faut pas laisser prendre à l'enfant l'habitude de ne s'endormir que le mamelon dans la bouche, ou de le mâchonner à chaque instant. Outre que des repas trop rapprochés sont toujours nuisibles, de plus ces manœuvres ont le grand inconvénient de ramollir et de macérer l'épiderme, et de là aux fissures, aux érosions, etc., il n'y a pas loin.

Nous croyons donc que toutes ces précautions, prises avec soin et en temps opportun, éviteront toujours à la femme ces accidents douloureux qui transforment l'agréable devoir de l'allaitement en un supplice long et pénible. Quant aux affections squammeuses, il faut les guérir, ou renoncer d'avance à nourrir.

Lorsque, soit par incurie, soit pour toute autre cause, une érosion, une fissure, des crevasses sont survenues, soit à un, soit aux deux mamelons, que faut-il faire ?

Et d'abord, il faut distinguer : ou la femme veut à tout prix continuer l'allaitement, ou bien elle y renonce.

Dans le second cas, la cause principale des lésions étant enlevée, le traitement est des plus faciles. Le moyen que j'ai vu réussir fréquemment est celui-ci :

Onguent avec :

> Pr. Pommade de concombre............... 10 grammes.
> Oxyde de zinc............................ 10 centigrammes.

On fait une onction sur le mamelon deux ou trois fois par jour.

Dans quelques cas tout à fait rebelles, M. Velpeau s'est bien trouvé de la pommade au précipité blanc, et, mieux encore, de quelques cautérisations légères avec le nitrate d'argent. On a aussi conseillé la teinture de cachou, l'eau de guimauve additionnée de poudre de calomel; une solution légère d'alun, le deuto-chlorure de mercure, les poudres absorbantes, le lycopode, l'amidon, la fleur de farine, la poudre de riz, etc..... Mais, je le répète, ce qui guérit surtout, c'est la cessation de l'allaitement.

M. Velpeau, dans son *Traité des maladies du sein*, p. 15, 1854, s'oppose à ce que la femme renonce à allaiter, parce que, dit-il, il survient dans ces cas un engorgement de la mamelle qui exaspère les gerçures, excoriations, etc., et contribue à provoquer la formation d'un abcès, soit dans la glande ou dans le tissu cellulaire péri et interglandulaire, ou bien encore dans le mamelon lui-même. Ce précepte a pu être sage et rationnel; mais aujourd'hui il est un médicament qui obvie à cet inconvénient et permet de renoncer à l'allaitement sans danger pour la femme : je veux parler de l'iodure de potassium.

Il y a bien longtemps qu'on découvre et qu'on préconise de prétendus antilaiteux qui n'ont jamais possédé cette action spécifique. Je crois qu'aujourd'hui il est trouvé dans l'iodure de potassium. M. Rousset, à qui appartient l'idée d'employer ce médicament, a publié à ce sujet des résultats très-intéressants dans le *Journal de Médecine de Bordeaux*, année 1858. — J'ai vu souvent user de ce médicament et l'ai prescrit moi-même dans ces circonstances. Toujours, sans aucune exception, il a parfaitement réussi.

A l'aide de l'iodure de potassium, on pourra faire cesser l'allaitement, quelle que soit l'époque. Pour cela, on administrera, pendant cinq à six jours, 40 centigrammes de cette substance, à prendre en vingt-quatre heures. Un fait remarquable, c'est que ce médicament agit d'autant moins qu'on outrepasse, soit en plus, soit en moins, la dose de 40 à 50 centigrammes. Des expériences nombreuses faites à ce sujet laissent ce point hors de doute. En général, dès le second jour, il se produit une sorte de détente, la glande se ramollit, le lait devient séreux, puis ne coule plus hors du sein. Dans quelques cas, nous avons vu l'accident connu vulgairement sous le nom de *poil* disparaître dans les vingt-quatre heures, et une seconde potion complètement inutile ; dans les autres, beaucoup plus fréquents, il faut de trois à six potions. En passant, nous ferons remarquer la double spécificité, que n'offre aucun autre médicament, antilaiteuse et antisyphilitique tout à la fois.

Nous avons dit qu'il peut arriver que la femme ne veut pas ou ne peut pas cesser l'allaitement. Dans ce cas, le traitement est beaucoup plus difficile et réussit moins.

On peut, comme précédemment, user des onguents, des lotions, des poudres dont nous avons donné l'énumération ; mais alors il faut avoir soin à chaque séance de nettoyer auparavant le mamelon. Il est même des médicaments, comme le deuto-chlorure de mercure, que M. Velpeau proscrit d'une manière absolue, et avec juste raison, comme pouvant déterminer des accidents chez l'enfant. Nous avons vu réussir assez souvent la pommade à l'oxyde de zinc, et nous la conseillerons, parce qu'elle n'offre aucun danger pour le nourrisson.

A ces moyens on a joint les bouts de sein artificiels. Le liége, l'ivoire ramolli, le caoutchouc, etc., ont été tour à tour employés, mais en général avec peu de succès. Tous offrent le même inconvénient, celui d'exiger de la part de l'enfant des efforts énergiques pour obtenir du lait, et, précisément à cette époque, il n'est guère en état pour cela. De plus, l'un, celui en liége de Darbo, est trop cassant ; la tetine de vache de Mme Breton gonfle outre mesure, remplit complètement la bouche de l'enfant et le dégoûte presque toujours, enfin la putréfaction s'en empare promptement ; ceux en buis, en gutta-percha, sont trop durs, et l'enfant les refuse ; ceux en ivoire ramolli de M. Charrière offrent de meilleures conditions.

On a conseillé aussi d'enduire le mamelon d'une couche de collodion qui, en séchant, formerait sur lui une espèce d'épiderme artificiel. Ce moyen est mauvais : d'abord, son application sur les gerçures est assez douloureuse ; de plus, une fois sec, il se fendille et tombe.

Un moyen analogue, et qui offrirait moins d'inconvénients, est celui proposé par M. Bourdel dans la *Revue médico-chirurgicale* de M. Malgaigne, t. 15, p. 357, 1854. Ce praticien conseille de recouvrir les gerçures de teinture de benjoin. La première application, dit l'auteur, est quelquefois douloureuse, mais toujours très-supportable. Les suivantes ne font nullement souffrir. Chaque couche de teinture se dessèche très-promptement en dix ou quinze secondes et contracte de fortes adhérences, de sorte qu'après deux ou trois applications, le mamelon est parfaitement à couvert. L'enfant peut prendre le sein immédiatement après l'onction, et il le fait sans aucune répugnance, ajoute M. Bourdel. Huit à douze jours suffisent pour les cas les plus rebelles. L'auteur cite, à l'appui de ce qu'il avance, deux observations concluantes.

Mais il est un nouveau mamelon artificiel en baudruche, de M. Valérius, recouvert d'un enduit qui lui permet d'adhérer aux tissus assez fortement. Il est percé à son extrémité de quatre ou cinq trous. Pour l'appliquer, il faut mouiller le godet et le bord du chapeau en baudruche, humecter de même le mamelon et l'auréole. Alors, on relève les bords du bout de sein, et l'on commence par bien appliquer le godet de manière à ce qu'il y ait partout adhérence intime; cela fait, on abaisse les bords qu'on applique de même sur l'auréole. Si l'application a été parfaite, l'épiderme artificiel résiste aux succions et fait corps avec le mamelon, de sorte que les gerçures, fissures, etc., sont à l'abri des frottements. Sa durée est de deux ou trois jours; il faut alors enlever ce qui n'est pas adhérent, et laisser les débris qui sont intimement collés. On applique un second bout de sein, et ainsi de suite. En général, dix ou quinze jours après, la guérison est complète; mais, pour plus de prudence, il vaut mieux continuer encore quelque temps, d'autant plus que ce bout de sein a le grand avantage sur les autres de ne pas dégoûter l'enfant, qui ne s'aperçoit même pas de sa présence.

Nous ajouterons, pour terminer, qu'il faut donner des soins à la bouche de l'enfant, car, dans quelques cas, il est la cause des lésions du mamelon. Quant aux fissures syphilitiques, il faut ajouter un traitement général qui se fera sentir tant sur la mère que sur l'enfant par l'intermédiaire du lait. On a trop souvent des exemples de contagion syphilitique de l'enfant à la nourrice, pour ne pas renoncer à en changer dans ces cas.

Puisse ce léger travail obtenir l'approbation du public médical! Nous n'avons pas la prétention d'être parfait; mais qu'il nous soit permis au moins d'espérer que nos bonnes intentions ne seront pas méconnues.

(Extrait de *l'Union médicale de la Gironde*.)

www.ingramcontent.com/pod-product-compliance
Lightning Source LLC
Chambersburg PA
CBHW060524050426
42451CB00009B/1151